ポーランド

正式国名
ポーランド共和国

面積
31.3万km²
（日本は37.8万km²）

人口
3876.3万人（2023年）
（日本は1億2156万人、2024年）

国旗
上が白、下が赤の2色旗。赤は勇敢さ、白は実直さや善を表す。

日本との距離
東京からワルシャワまで
直線距離で約 8500km

時差
ポーランドは日本より8時間おくれている。日本が昼の12時のとき、ポーランドは午前4時。サマータイム（3月の最終日曜日の未明〜10月の最終日曜日の未明）期間は、7時間おくれになる。

気候
北西部は温帯気候。バルト海沿岸は海洋性気候の影響で、冬でも比較的あたたかい。南部や東部の山岳地帯は亜寒帯気候。

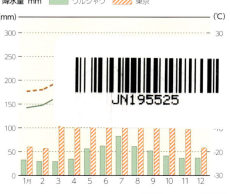

▲ワルシャワと東京の月別平均気温と降水量
（『理科年表 2025』丸善出版）

▲クラクフ歴史地区のバベル城。

▲中世都市トルンの歴史地区。

▲アウシュビッツ強制収容所の入り口。門には「働けば自由になれる」というドイツ語がかかげられている。

ポーランドと周辺の国ぐに

ポーランドのおもな世界遺産
2023年現在、国境をこえる遺産をふくめ17件が登録されている。

- クラクフ歴史地区
- ビエリチカ・ボフニア王立岩塩坑
- アウシュビッツ・ビルケナウ強制収容所
- ビャウォビエジャの森
- ワルシャワ歴史地区
- 中世都市トルン
- マルボルクのドイツ騎士団の城

ほか

現地取材！ 世界のくらし ㉒

ポーランド

文・写真：吉田忠正　監修：岡崎恒夫

市の中心部にある文化科学宮殿から見たワルシャワ北部。右奥を流れるのがビスワ川。中心部は高層建築が次つぎに建てられ、大きく変化している。

現地取材！世界のくらし ㉒ ポーランド

もくじ

- ジェイン ドブリィ
  おはよう
- ジェイン ドブリィ（またはチェシチ）
  こんにちは
- ドブリィ ビェチュル
  こんばんは

自然と気候
ヨーロッパの中央に位置する国 ……… 4

国のあらまし
国民の約90％がカトリック ……… 6

住居と習慣
ワルシャワ市内のアパート ……… 8
台所とバス・トイレ室 ……… 10
子ども部屋を紹介します ……… 12

食と習慣
1日に4度の食事 ……… 14
スープの種類がたくさん ……… 16

まちとくらし
各都市を結ぶ交通網 ……… 18
「市民の台所」は今も健在 ……… 20

コルチャク先生と子どもたちの像。

森でキノコ狩りを楽しむ子どもたち。

クラクフの市場の青果店。

リンゴ農園の収穫作業。

学校生活
- 小学校は8年制に ……… 22
- 最新機材を備えた教室 ……… 24
- 学校での食事は2回 ……… 26

子どもの遊び
- 家族とすごす楽しい時間 ……… 28

スポーツ・娯楽
- サッカーと柔道が人気 ……… 30

行事と冠婚葬祭
- 根づくキリスト教の祭り ……… 32
- 子どもの一大行事「聖体拝領」 ……… 34

くらしの多様性
- 農業国ポーランドの農家 ……… 36
- 手づくりの伝統工芸 ……… 38
- タトラ山脈のグラルのくらし ……… 40

SDGsとくらし
- 地球温暖化は緊急の課題 ……… 42

日本との関係
- 100年以上前から続く友情 ……… 44

〔巻末資料〕……… 46

さくいん ……… 48

◀こちらのサイトにアクセスすると、本書に掲載していない写真や、関連動画を見ることができます。

コペルニクス像を見学する子どもたち。

リュックをせおって登校する小学生。

ワジェンキ公園の屋外ピアノコンサート。

グラルの人びとの羊祭り。

自然と気候

ヨーロッパの中央に位置する国

ワルシャワの南約40kmにあるチェルスク城から見たポーランドの平原。見わたすかぎり畑と森が広がり、家はいくつか見えるだけ。

国土の8割が平地

　ヨーロッパのほぼ中央に位置するポーランドは、多くの国と接しています。北はバルト海をはさんでスウェーデンと、東はロシア、リトアニア、ベラルーシ、ウクライナと、南はスロバキア、チェコと、そして西はドイツと国境を接しています。面積は31万3000km²で、日本の5分の4ほどの広さです。そのうちの約8割を平地が占めています。「ポーランド」には、「平原の国」「野の国」という意味があります。

　北の平原には、約1万年前の氷河期のなごりといわれる、大小数千もの湖が点在しています。北東には、世界遺産に登録されたビャウォビエジャの原生林が広がり、ヨーロッパバイソンをはじめ野生の動植物が多く生息しています。美しい森と平原が広がる中央平野はポーランドの農業の中心地で、ジャガイモやライ麦などが栽培されていて、酪農もさかんです。南部には、スデーティ山脈やカルパチア山脈が走っています。この南の山地から北のバルト海に向けて、ポーランド最長のビスワ川が流れています。

　気候は、夏と冬の寒暖差が大きいのが特徴です。夏は30℃くらいまで気温が上がりますが、冬はくもりの日も多く、寒い日は−20℃〜−10℃になります。ただ、北海を流れる暖流や偏西風のおかげで、緯度のわりには比較的あたたかいです。かつては冬にビスワ川の水がこおってスケートができたのですが、温暖化により、7〜8年前からこおらなくなりました。

自然と気候

▲タトラ山脈のふもと。冬はスキー場になる。後方には、標高2000m級のけわしい山なみが見られる。

▶タトラ山脈で3月半ば〜4月半ばにさきだして、春の訪れを知らせるクロッカスの花。

▲北部の湖水地方にある湖のひとつ。1万年前の氷河のあとが、湖として残っている。

▲国内最長のビスワ川。水源のタトラ山脈から、古都クラクフ、首都ワルシャワをへて、北の港湾都市グダンスクでバルト海に注ぐ。

▲ビャウォビエジャの原生林に生息する野生のヨーロッパバイソン。一時、絶滅の危機にあったが、保護活動により復活した。

▲北アフリカから渡ってくるコウノトリ。毎年、春になるとやってきて、農家のえんとつや電柱の上などに巣をつくって子育てをする。

国民の約90％がカトリック

ワルシャワの旧市街。第二次世界大戦でドイツ軍に占領され、まちはほぼ全壊。戦後、過去の資料や生きのこった人びとの記憶をもとに再建された。広場にある剣と盾を持つ人魚像はワルシャワのシンボルだ。

伝統を大切にする国民性

　14世紀から約300年にわたりポーランドの首都だったクラクフには、国王が住んだバベル城、布地などの取りひきがおこなわれた織物会館、聖マリア教会、ヤギェウォ大学など、中世のまちなみがそのまま残されています。また、首都ワルシャワは、第二次世界大戦後、旧市街を中心に歴史的なまちなみが復元され、うつくしいすがたがよみがえりました。

　ほかにも、ポーランド最古の都市のひとつといわれる西部の中心都市ポズナン、バルト海の港湾都市として栄えたグダンスク、天文学者コペルニクスが生まれた工業都市トルンなど、中世のおもかげを残すまちがたくさんあります。

▲ビスワ川から見たワルシャワ中心部のビル群。左から2つめは1955年に完成した文化科学宮殿。今も新しいビルが次つぎに建てられている。

▲14世紀に建てられたクラクフの織物会館。衣服や布地の交易所として栄えた。

▲ハンザ同盟にも参加した港湾都市グダンスク。ビスワ川で運んだ内陸の穀物や木材などを、北海やバルト海沿岸の都市へと輸出した。

心をささえるカトリック

　17世紀半ば、スウェーデンがポーランドに侵攻し、ワルシャワやクラクフなど、ほとんどの都市が占拠されました。しかし、ヤスナ・グラ修道院は攻めおとされず、奇跡的に残りました。人びとはここにおさめられている聖母マリアの聖画「黒いマドンナ」のおかげだと考え、「国母」としてあがめています。

　また、第二次世界大戦後、ポーランドはソ連の影響を強く受けていましたが、1978年、ポーランド出身でははじめてのローマ教皇ヨハネ・パウロ2世が誕生しました。教皇は社会主義体制に反対して民主化をよびかけ、人びとの心のささえとなりました。こうして、キリスト教のカトリックは人びとのくらしのなかに深く浸透し、今も国民の約90％がカトリック教徒だといわれています。

▼カトリックの聖地ヤスナ・グラ修道院におさめられている聖画「黒いマドンナ」。

▲9月の新学期が始まるとき、近くの学校の生徒代表はヤスナ・グラ修道院を訪れ、実りある1年になるよう、祈りをささげる。

▼ヤスナ・グラ修道院にあるローマ教皇ヨハネ・パウロ2世の像。

ワルシャワ市内のアパート

住居と習慣①

▲道路側から見たイグナツィさんの住むアパート。イグナツィさんの住居は、建物の内側にある。

▲中庭は駐車場としても使われる。この建物の1階にイグナツィさんの家族が住む部屋がある。

居間にはキリスト像が

　首都ワルシャワの中心地から西へ2kmほど行ったところに、イグナツィさん（12歳）が住むアパートがあります。あたりは緑に囲まれた静かな住宅街で、1930年代に建てられた5階建てのアパートが数棟ならんでいます。中庭には小さな林があり、その中にはマリア像がまつられています。

　イグナツィさんの家族が住むのは、建物の1階です。入り口で呼び鈴をおすと、イグナツィさんと母親のビオレッタさんが出むかえてくれました。玄関を入るとすぐのところに、くつをぬぐ場所があります。ここでくつをぬぐとともに、上着もぬいでかけておきます。

▲建物の外壁には、第二次世界大戦のときのドイツ軍による銃撃のあとが残されている。

◀中庭の林にまつられたマリア像。

▲玄関で出むかえてくれるイグナツィさん（左）とビオレッタさん。

住居と習慣①

居間に入ると、左側に食卓が、右側には大きなソファがあります。食卓では昼や夜の食事をします。食後は、ソファにすわって話をしたり、テレビを見たりします。テレビのとなりには、イエス・キリストの聖家族像がまつられています。ここには毎晩ろうそくをともして、お祈りをします。

◀くつをぬぐ場所。上には上着をかけておく。ポーランドの家庭では、くつをぬいで室内に入る。

▲ソファスペース。窓ぎわには観葉植物などがかざられている。

▲キリストをまつるコーナー。毎晩、ここで祈りをささげる。

居間のソファでゆったりとくつろぐ、左から妹のマリアンナさん、母親のビオレッタさん、イグナツィさん、兄のヤンさん。

住居と習慣② 台所とバス・トイレ室

きれいに整とんされた台所

　イグナツィさんの家の台所はきれいに整とんされていて、床には何も置いてありません。調理器具や食器などは、すべて戸だなの中にしまってあるのです。

　台所の窓側は調理場で、まな板などが置いてあります。その右にある白くて細長い器具は、暖房用のヒーターです。冬になるとワルシャワ市の給湯センターからお湯が送られてきて、その熱でアパートの各部屋があたためられるしくみになっています。

　窓に向かって右側には、戸だなや冷蔵庫、オーブンレンジなどがあります。戸だなには、なべなどの調理器具、食器、調味料、保存食などがしまってあります。また、窓に向かって左側にはシンク（流し台）とIHこんろがあり、IHこんろの下には食洗機があります。

　イグナツィさん一家の住居は2軒分をつなげてひとつにしているので、同じアパートのほかの家にくらべて、やや広めです。そのため、バス・トイレ室も2か所あり、右側のバス・トイレ室にはトイレと浴槽が、左側のバス・トイレ室にはトイレとシャワーのほか、洗濯機や乾燥機があり、洗濯物干し場にもなっています（→p11 間取り図）。

▲台所の窓側には調理台がある。その右の白い器具が暖房用のヒーター。

▲料理をつくるビオレッタさんを、じっと見つめるマリアンナさん。

▲台所の右側には食器などをしまっておく戸だな、冷蔵庫、オーブンレンジなどがある。

▲冷蔵庫の野菜室には、リンゴやパプリカ、キュウリ、セロリ、ビーツなど、さまざまな野菜や果物が入っている。

住居と習慣②

▲台所の左側にはシンク（左）とIHこんろ（右）がある。

▲IHこんろの下の扉の中には食洗機がある。

◀左側のバス・トイレ室のトイレと洗面台。

▶手前が洗濯機、奥が乾燥機。その奥は、洗濯物干し場として使われている。

▲右側のバス・トイレ室。浴槽がついている。イグナツィさん一家は、風呂が好きなのでよく入るそう。

[住居の間取り図]

子ども部屋を紹介します

住居と習慣③

マリアンナさんは1人部屋

妹のマリアンナさん（8歳）は、1人で1つの部屋を使っています。絵をかくのが好きで、部屋には絵をかくコーナーがあります。マリアンナさんは動物も好きで、ペットとしてマウスを飼っています。そのほか、ピアノと体操の塾にも通っています。

また、この部屋には、聖マリアンナの肖像画がかざられています。ポーランドでは自分の名前と同じ聖人の日を祝う習慣があるので、マリアンナさんは自分と同じ名前の聖人「聖マリアンナ」の絵をかざっているのです。

イグナツィさんは2人部屋

イグナツィさんは兄のヤンさん（14歳）といっしょの部屋です。部屋には、それぞれのベッド、机、本だななどがあります。

ふだんは宿題が多いので、学校から帰ったらまず宿題をおわらせます。それから外へ遊びにいき、夕食後に平日は1時間半、休日は3時間と時間を決めて、オンラインゲームをします。好きなゲームはゾンビと戦うものや、土や石や木などを使って家を建てるものだそうです。そのほか、ミニカーの収集やダーツ、ローラースケートなどもしています。

▼マリアンナさんの部屋。窓側にベッドがある。 ▼ピアノをひくマリアンナさん。 ▼聖マリアンナの肖像画をかざる。

▲絵をかくコーナー。色えんぴつや絵の具、ふでなど、道具もいろいろそろえている。　　▲ペットのマウスをだく。

住居と習慣③

▼イグナツィさんとヤンさんの２人部屋。

▲２人が座ると子ども用ベッドは小さく見える。

▲イグナツィさんがかざっている聖イグナティウスの肖像画。

早く宿題をかたづけなくちゃ。

▶▲ミニカーの収集やダーツが趣味。

イグナツィさんの１日

　イグナツィさんは朝７時に起きます。顔を洗ったり着がえをしたりして、朝食用と学校に持っていく用のパンを買いにパン店に行きます。サンドイッチをつくって、７時45分ごろに家を出ます。

　学校は８時15分に始まります。10時ごろのおやつの時間にサンドイッチなどを食べます。昼食は学校で給食が出ます。授業は午後３時に終わります。３時半ごろ家に帰ってきて、宿題や読書をします。そして５時ごろ、家族そろって食事をとります。

　食事のあとは公園に行き、友だちとサッカーやローラースケート、散歩などをしてすごします。８時ごろサンドイッチや残り物などを食べてから、友だちとオンラインゲームをします。そして10時か11時ごろねます。

　日曜日は家族そろって教会に行きます。そのあと、祖母の家に行き、ご飯を食べるなどをします。

　イグナツィさんの得意な科目は体育、なかでもサッカーが大好き。歴史と算数も好きだそうです。

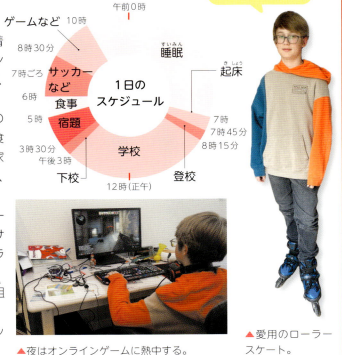

▲夜はオンラインゲームに熱中する。

ローラースケートが大好き。

▲愛用のローラースケート。

食と習慣①

1日に4度の食事

メインは昼食のオビヤッド

　ポーランド人は1日に4度の食事をとるといわれています。朝はパンにハムやチーズ、野菜などをのせたオープンサンド、午前10時ごろに第2の朝食としてサンドイッチなどを食べます。そして、午後3時すぎにオビヤッドといわれるメインの昼食をとります。食卓には、スープとサラダ、肉や魚などのメイン料理がならびます。そして夜の7時～8時ごろ、オープンサンドやパンケーキなど、軽い夕食を食べます。

　この習慣は、近年変わりつつありますが、昼のおそい時間に1日のメインの食事をとることは変わらないようです。

　イグナツィさんの家のこの日のオビヤッドは、スープとビーツという野菜のサラダ、そしてハンバーグでした。

▶昼食の準備をするビオレッタさん。ビーツを切って、サラダをつくる。

▶奥の茶色いほうはライ麦パン。手前の白いほうは小麦のパン。

キャベツ、ジャガイモ、ニンジン、肉が入っているカプシニャクというスープとビーツのサラダ、ハンバーグがならぶ。

おいしい家庭の定番料理を紹介

ポーランド料理は、家庭の中で発展してきました。スープからメインの料理まで、レパートリーは多く、いずれも季節の野菜などをふんだんに使って、味つけにもこだわりがあります。ワルシャワに住んでいるアガタさんに、お母さんから教えてもらったキノコのスープと、レチョという定番の家庭料理をつくってもらいました。

▲アガタさん。

キノコのスープ

▲材料はパスタ、粉クリーム、ブイヨン、タマネギ、セルリアック、ニンジン、パセリの根、キノコ、イタリアンパセリの葉など。

▲湯をわかしてブイヨンを入れ、きざんだニンジン、セルリアック、パセリの根を入れてゆでる。

▲タマネギをいため、少ししんなりしてきたら、キノコもいためる。

▲3を2に入れ、調味料、ローリエなどを加える。

▲水でといた粉クリームを入れ、さらにパスタを入れる。

▲器によそい、きざんだイタリアンパセリの葉をのせて完成。

レチョ

▲材料はズッキーニ、ソーセージ、インゲンマメ、パプリカ、トマト、タマネギなど。

▲きざんだタマネギ、パプリカ、ズッキーニの順にいためる。

▲ゆでたインゲンマメを2に入れて、さらにいためる。

▲皮をむいてきざんだトマトを入れる。オレガノ、バジル、調味料を加える。

▲いためたソーセージを入れて、まぜあわせたら器に盛る。つけあわせにマッシュポテトをそえたら完成。

食と習慣②

スープの種類がたくさん

旬の食材でつくるおいしいスープ

ポーランド料理はドイツやフランス、イタリア、ハンガリー、ロシアなどまわりの国の料理を取りいれながら、独自のメニューをたくさん生みだしてきました。ポーランド料理で欠かせないのはスープです。四季折おり、旬の食材を使ったおいしいスープがあります。春は赤い野菜ビーツのスープ「バルシチ」、夏はサワークリームを入れた冷製スープ「フウォドニク」、秋はとりたてのキノコのスープ、冬はキャベツ、ジャガイモ、ニンジン、肉を入れたスープなどです。また、ライ麦などを発酵させてつくったジュレックというスープも人気です。

肉料理では、ぶた肉がよく使われます。代表的な肉料理には、日本のとんかつに似たコトレット・スハボービがあります。また冬の寒いときには、肉や野菜、キノコを煮こんだシチューもよく食べます。

ピエロギというギョーザに似た料理もよく食べられます。もとは中国からシルクロードを通って伝えられたものですが、ひき肉のほか、チーズやホウレンソウなど、さまざまな食材を中につめます。ブルーベリーのジャムなどが入った甘いピエロギもあります。

菓子やケーキも、種類が豊富です。マコビエツというロールケーキ、ピエルニクというショウガを使ったジンジャーブレッド、ドーナツのようなポンチェクなどが知られています。

▲ワルシャワにある料理店のメニュー看板。上段左から、ゆでたピエロギ、コトレット・スハボービ、ジュレック。下段左からあげたピエロギ、パンに入ったグヤーシュ（スープ）、ジャガイモのパンケーキ。

▲チキンと野菜のスープ。

▲パンの中に入ったジュレック。

▲中央にマッシュポテトを入れたバルシチ。肉や野菜、ビーツを入れて煮こんだスープ。

▲冷製のフウォドニク。ゆでたビーツをきざんで、ヨーグルトや発酵した乳飲料のケフィルなどとまぜてつくる。

食と習慣②

▲コトレット・スハボービ。ぶたのロース肉に小麦粉やパン粉をつけて油であげる。

▲ビーツとヤギのチーズをちらした野菜サラダ。

▲ジャガイモとキノコのゆでたピエロギ。

▲ホウレンソウとチーズのあげたピエロギ。

▲マコビエツは、ケシの実がたっぷり入ったロールケーキだ。

▲専門店のピエルニク。ピエルニクは、小麦粉やライ麦粉にはちみつをねりこみ、シナモンやショウガなどで味つけした、パンとクッキーの中間のような菓子。

▲ポンチェクは、バラのジャムなどが入ったドーナツ。おやつによく食べる。

17

各都市を結ぶ交通網

まちとくらし①

快適なトラム、地下鉄、バス

　ワルシャワ中央駅は、ポーランドの鉄道網の中心的な役割をはたしています。地上2階建てで、ホームはすべて地下にあり、国内の主要都市を結ぶ高速列車「インターシティ」をはじめ、各種の列車が発着しています。ドイツのベルリンやチェコのプラハ、オーストリアのウィーン、ハンガリーのブダペスト、ウクライナのキーウ、リトアニアのビリニュスなどへの国際列車も発着しています。

　路面電車のトラムやバスがワルシャワ市内や郊外を結び、その路線は網の目のように広がっています。地下鉄は、南北に走る1号線と、東西に走る2号線があります。1号線は2008年に全線が開通し、2号線は一部開通して、路線をのばしているところです。トラムと地下鉄、バスの料金はすべて共通で、20分や90分など乗車時間によって、あるいは利用日数によって料金が決まり、その範囲内だったら、自由に乗りおりできます。自転車やペットなどの持ちこみも可能です。

　ワルシャワの道路は幅が広く、バスやタクシーの専用道もあります。市内各所に自転車や電動キックスケーターをシェアできる場所もあり、ちょっとした移動にはとても便利です。

▲1975年に建てられたワルシャワ中央駅。

▲ワルシャワ中央駅の構内。1階にチケット売り場や案内所、飲食店などがあり、電車に乗るときは、地下のホームにおりていく。

▲ワルシャワ中央駅のホーム。自転車の持ちこみが可能だ。

▲長距離の移動で活躍する高速列車の「ペンドリーノ」。

まちとくらし①

▲地下鉄2号線ロンドONZ(オーエヌゼット)駅の出入り口。駅は清潔(せいけつ)で、エレベーターもあり、利用者からは評判(ひょうばん)がよい。

▲地下鉄2号線ロンドONZ駅のホーム。ホームも車両もとてもきれいだ。

▲ワルシャワ市内を走る道路。向かって右はしがバスの専用(せんよう)道路。

▲トラムの発着所。新しくてきれいな車両が多い。

▲橋にも広い歩道と自転車専用道(せんようどう)がある。

▲シェアできる電動キックスケーターを利用する人も多い。

「ワルシャワは治安がいいですよ。」

「観光客が多いので、とくにしっかり見はりをしています。」

◀道路を見はる警察官(けいさつかん)。

◀シェア自転車。地下鉄の駅の近くによく置かれる。

「市民の台所」は今も健在

まちとくらし②

新しい店と昔ながらの店

　ワルシャワには、外国の資本による大型のスーパーマーケットやモダンなつくりのショッピングセンターができています。自家用車で来て、1週間分の食料品をまとめ買いする人もふえています。

　いっぽう、ワルシャワの中心部には、1901年に建てられたハラ・ミロフスカという市場があります。ここにはスーパーマーケットもありますが、食料品や日用雑貨などの店が多数入っています。市場の建物の入り口には生花店がずらりとならび、建物の外側には、屋台のような出店がぎっしりならんで、野菜や果物、肉、チーズ、たまご、はちみつ、キノコなど、近郊の農家から運んできたばかりの新鮮な品物を販売しています。いずれも安くておいしいことから、たくさんの買い物客でにぎわっています。まとめ買いをする人は少なく、その時どきに必要なものを必要な分だけ買う人が多くいます。

　このような「市民の台所」ともいえる市場は、クラクフをはじめワルシャワ以外の都市でもよく見られます。店の人とはすぐに顔なじみになって、ついつい話しこんでしまうそうです。

▲2007年にワルシャワにできた大型ショッピングセンター「ズウォテ・タラシー」。波うったガラスのドームが特徴。

▲ズウォテ・タラシーの内部。衣料品店やカフェ、レストラン、映画館など200以上もの店が入り、客でにぎわっている。

▲ワルシャワの市場ハラ・ミロフスカ。建物は第二次世界大戦でほとんど破壊されたが、戦後に再建された。

▲ハラ・ミロフスカの入り口にびっしりならぶ生花店。季節の花がいろどりをそえている。

まちとくらし②

▲14世紀半ばに開かれたといわれるクラクフの市場スタリ・クレパシュ。「クラクフの台所」として地元の買い物客でにぎわっている。

▲ハラ・ミロフスカの精肉店。牛肉、ぶた肉、とり肉などが、かたまりで売られている。

▲ハラ・ミロフスカの鶏卵店。ニワトリの種類によって、たまごの値段がちがう。

▲ハラ・ミロフスカで野菜を売る店。ビーツやルバーブ、ネギなど、新鮮な野菜がならぶ。

▲ハラ・ミロフスカの青果店。リンゴは小さくて形もふぞろいだが、種類によって味がことなり、どれもおいしい。

21

小学校は8年制に

2学期制でクラスがえはなし

　ポーランドの学校制度は、以前は小学校の6年間と中学校の3年間、あわせて9年間が義務教育でした。しかし、2017年から、小学校と中学校をあわせて小学校8学年を義務教育とし、これに小学校入学前の1年をあらたに「0学年」とする制度になりました。

　グダンスク第6小学校は、ポーランド北部の港湾都市グダンスクの郊外にあります。開校して5年になる新しい学校です。まわりには住宅地が広がっていて、入学希望者は年ねんふえているそうです。学年は0学年から8学年まであり、全校のクラス数は68、児童の数は1600人にのぼります（2023年4月現在）。

　小学校は9月1日に始まり、翌年2月の冬休みまでが前期、冬休み以降が後期の2学期制です。授業は月曜日から金曜日までで、朝は7時30分に始まります。教室が少ないため、授業は午前と午後の2部制をとっています。あるクラスは週のうち3日間は朝から始まり昼に終わり、2日間は午後から始まるといった具合です。また、クラスメイトは、8年間ずっと同じです。結束力や仲間意識が高まるそうです。

▲自転車で登校する児童と親。低学年は親といっしょに登校する。

グダンスク第6小学校の校舎。A棟、B棟、C棟があり、これはそのうちのA棟。

学校生活①

ポーランドの教育制度		年齢のめやす
幼稚園		3歳〜5歳
就学前教育	0学年　1年間	5歳か6歳
初等教育	小学校　8年間	6歳か7歳〜
中等教育	普通高校　4年間	14歳か15歳〜
	高等専門学校　5年間	
	第1職業学校　3年間 →第2職業学校　2年間	
高等教育	大学　5年間＊ （医科系は6年間）	18歳か19歳〜

＊学士課程3年間、修士課程2年間

小学校の年間スケジュール	
9月1日	始業
11月1日	万聖節（死者の日）
11月11日	独立記念日
12月23日〜1月1日	クリスマス休み
2月3日〜16日	冬休み
4月6日〜11日	イースター
5月1日〜3日	5月休み
6月1日	子どもの日
6月8日	聖体祭
6月24日〜8月31日	夏休み

（2022年から2023年）

勉強もスポーツも楽しくやってます！

▲リュックには教科書やノートなどを入れ、ほかに軽食（第2の朝食）や飲み物などを持って登校する。

▲キックスケーターで登校する子もいる。

▲校内に設けられたプラスチック専用のごみ捨て場。

▲校舎に入るときは、個人のICカードをかざす。

▼階段にはアルファベットや算数の公式がはられている。

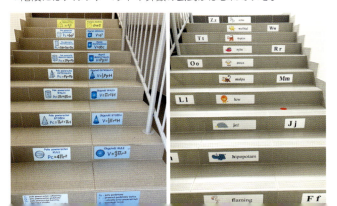

ここに注目！

動画が見られる！

校長先生から日本のみなさんへ

私はグダンスク第6小学校の校長ピオトル・シェペロフスキです。この学校は5年前にできたばかりの、グダンスクでいちばん大きい学校です。私たちはエコロジーとスポーツにとくに力を入れています。バレーボールは県で優勝するほどです。ポジティブな人間関係をつくることを行動の基本としています。日本のみなさん、ぜひとも私たちの学校をたずねてみてください。

最新機材を備えた教室

学校生活②

4年生からは授業ごとに教室移動

　グダンスク第6小学校の1クラスは25人～27人ですが、バスケットボールとバレーボールのスポーツ専攻クラスは、それぞれ20人までとしています。トレーニングをするのに適した人数なのです。また、1年生～3年生は決まった教室ですべての授業を受けますが、4年生以上は授業ごとに専門の教室に移動します。専門の教室には、教科の内容にそった資料や機材などがそろえてあり、興味にあわせて広く学ぶことができます。英語の教室には、ヒアリングのための音声装置やスピーキングのためのマイクなどが備えてあります。

　右ページの6年生の時間割を見てください。始業の時間は、曜日によってことなります。基本は午前（7時30分～12時5分）と午後（12時25分～午後5時）の2部制ですが、始業時間は曜日によって少しずれています。このクラスはバレーボールのスポーツ専攻クラスなので、競技のトレーニングの授業が多く入っています。

　授業は1回45分で、国語に相当するポーランド語が週5回、算数、体育が4回、英語は3回、歴史と宗教が2回のほか、地理、生物、音楽、美術、技術、ITは1回授業があります。

◀英語のヒアリングを楽しむ児童。

英語の授業。英語の教室には、ヒアリングやスピーキングのための装置が備えてあり、教師は答えた人の発音や内容について、指導することができる。

学校生活②

6年生の時間割（スポーツ専攻クラス）

時間	月曜日	火曜日	水曜日	木曜日	金曜日
7時～7時30分					トレーニング
7時30分～8時15分					トレーニング
8時25分～9時10分					トレーニング
9時20分～10時5分	体育	ＩＴ	トレーニング		ポーランド語
10時15分～11時	算数	算数	トレーニング		ポーランド語
11時20分～12時5分	ポーランド語	体育	トレーニング		歴史
12時25分～1時10分	歴史	美術	先生との対話	算数	算数
1時30分～2時15分	ポーランド語	技術	ポーランド語	体育	英語
2時35分～3時20分	宗教	英語	生物	地理	宗教
3時25分～4時10分		英語	体育	音楽	
4時15分～5時		トレーニング		トレーニング	

（2023年4月）

▲次の授業が始まるまで、ろうかで待っている児童たち。

▶上はポーランド語、算数、英語、歴史の教科書、下が問題集。

▼歴史の授業。ポーランド王国の時代の騎士の話。大型のスクリーンで動画を見たあと、戦いの名前や起こった年などをたずねている。

▼ポーランド語の授業。教科書の中に出ていた「これこそポーランド」という単語をヒントに、ポーランド各地の有名なものを取りあげている。

動画が見られる！

▼生物の教室へ移動。教室内には図解や模型など、いろいろな資料が置いてある。

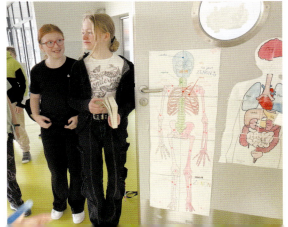
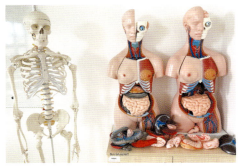

学校での食事は2回

学校生活③

昼食は給食か弁当

　学校では、午前10時ごろの休み時間に第2の朝食（おやつ）を食べます。家からサンドイッチや菓子、果物などを持ってきて食べますが、校内にある自動販売機で菓子や飲み物を買うこともできます。

　昼食には、給食が出ます。11時～午後1時ごろの休み時間に、クラスごとに食堂で給食を食べます。ただグダンスク第6小学校では、給食は900人分しか用意できないので、おもに高学年を対象に弁当の注文を受けつけています。また、家から弁当を持ってくる子もいます。

遊び専用の部屋で親をまつ

　校内には、遊び専用の部屋があります。おもに低学年向けの、親がむかえにくるまで、遊んですごせる部屋です。組みたてブロックや、積み木、カードゲーム、プラモデルなど、いろいろな遊具が置いてあります。テーブルもあり、ここで宿題をする子もいます。そのほか、投影遊具の「マジックカーペット」やトレーニング用の機材を備えた部屋もあります。

　放課後のクラブ活動にはサッカー、バスケットボール、ホッケー、バレーボール、ダンス、合唱、天文学、裁縫などがあります。

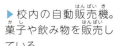

◀別の児童の第2の朝食。リンゴやフライドチキンが入っている。

▶校内の自動販売機。菓子や飲み物を販売している。

▲第2の朝食。家から持ってきたサンドイッチや菓子を食べる。

▲食堂での給食。この日のメニューはチーズ入りクレープ。

▲注文した弁当を食べる高学年児童。スープ、マッシュポテト、メンチカツなどが入っている。

学校生活③

▲寸劇をおこなう2年生の児童。学期に1度、1年生〜3年生は「タレントショー」という発表会をおこなう。

▲マジックカーペットで遊ぶ児童。さまざまな色の光でえがかれた鍵盤を足でふみ、音を出す。

▲遊び専用の部屋。いろいろな遊具が置いてある。

◀ブロックを組みたてて遊ぶ。

▲▶バスケットボールクラブの練習（左）。ホッケークラブの練習（右上）。ダンスクラブの練習（右下）。校外から講師がきて教えている。

27

家族とすごす楽しい時間

子どもの遊び

広い公園でゆったりすごす

ポーランドは、ワルシャワのような大きな都会にも、緑豊かな広い公園がいくつもあります。天気のよい休日は、散歩をしたり、しばふで寝ころんだりして、思いおもいにゆったりすごす家族連れが目にとまります。

敷地内にいろいろな遊具を備えたアスレチックエリアのある公園もあり、子どもたちには絶好の遊び場となっています。サッカー場や、バスケットボール、バレーボールのコートがついている公園もあり、その充実ぶりにおどろきます。ワルシャワのワジェンキ公園では、夏の毎週日曜日に、作曲家ショパンの銅像の下で、ピアノのコンサートがおこなわれます。

夏休みなど長い休みのときは、北部のバルト海沿岸では海水浴が人気で、湖水地方ではボートやヨットに乗ったりキャンプを楽しんだりする人が、南のタトラ山脈では山登りに行く人が多くいます。木の葉が黄色に色づく秋は、森にキノコ狩りに出かけます。自然のなかでのんびりすごす人が多いようです。

▼ワルシャワにあるワジェンキ公園のショパン像の下でおこなわれるピアノコンサート。

▼ポーランドのじゃんけん。ルールは日本と同じ。パピエル（紙）、カミエン（石）、ノジツェ（はさみ）と声をかけながら手を出す。ラズ（1）、ドバ（2）、チシ（3）ということもある。

動画が見られる！

▲ワジェンキ公園のアスレチックエリア。いろいろな遊具があり、落ちてもけがをしないように、下に砂がしいてある。

▲バルト海沿岸で海水浴を楽しむ人びと。

子どもの遊び

動画が見られる！

▲秋は森に出かけてキノコ狩りをすることも。

▲かごいっぱいになるほどキノコがとれる。

ここに注目！

「ジャウカ」でのくらしは最高

▶庭で大きく育ったズッキーニ。

　都会のアパートに住んでいる人のなかには、郊外に「ジャウカ」という別荘をもっている人がいます。サビナさんの家族は、ワルシャワの北の郊外にジャウカをもっていて、夏の間はここでくらしています。敷地は300㎡。庭には、トマトやズッキーニ、リンゴ、キウイ、ベリー類などを植えています。いらなくなった石を集めて庭づくりをしたり、リスのための小屋や、鳥のえさ台をつくったりすることも。5分ほど歩いたところに森があり、秋になったらキノコ狩りをします。「ジャウカでは時間を気にせず、ゆったりくらせます。最高ですね」とお父さんは言います。

▲ジャウカの庭に立つサビナさん（右）と両親。

29

サッカーと柔道が人気

▲クラブチーム「レギア・ワルシャワ」のサッカースクール。1チームは15人～20人。優秀な選手はアカデミーに入り、ヨーロッパ遠征にも参加する。

▶週2回、専任のコーチがついて練習をおこなう。

いちばん人気はサッカー

　ポーランドでいちばん人気のスポーツはサッカーです。大きい都市はクラブチームをかかえていて、ワルシャワのレギア・ワルシャワ、クラクフのビスワ・クラクフ、ポズナンのレフ・ポズナンなどのチームがあります。国内トップの18クラブが7月下旬～翌年5月下旬にリーグ戦をおこない、優勝したチームはヨーロッパ・チャンピオンズリーグに参加します。

　バレーボールやバスケットボールも、オリンピックやヨーロッパ選手権で代表チームが活躍し、人気を集めています。冬のスポーツでは、アイスホッケーやスケート、スキーなどがさかんです。ポーランドではスポーツへの関心が高く、子どものころからスポーツ教室に通うなどして練習にはげむ人が多いです。

　柔道や剣道、空手、合気道など、日本の武道も人気があり、各地に教室があります。なかでも柔道は、子どもたちのあいだではサッカーの次に人気だそうです。

スポーツ・娯楽

▲公園の一角にあるバレーボールのコート（左）と卓球台（右）。あいていれば、だれでも練習できる。

▲1500人が通うパンダ柔道クラブの練習。

得意技は体落。弱いところを克服したいです。

得意技は一本背負投。練習して上達したいです。

▶マックスさん。　　◀フラネクさん。

パンダ柔道クラブの12歳のクラス。クラブの創始者グジェゴジュさんは、「柔道を通して自分をきたえ、相手を理解することが大切だ」と言う。

グジェゴジュさん

根づくキリスト教の祭り

行事と冠婚葬祭①

イースターとクリスマス

イースターは、キリストが復活したことを祝うキリスト教の祭りです。日にちは、春分の日のあとの最初の満月のつぎの日曜日で、年によって変わります。人びとは、イースターが近づくと、たまごに絵つけをしてその日を待ちます。イースターの前の日には、たまごやソーセージなどを持って教会に行き、聖水をかけてもらいます。イースターの朝食は、ゆでたまごを入れたジュレック、ミートローフ、砂糖をまぶしたパンケーキなど。朝からおなかいっぱい食べたりおしゃべりをしたりしてすごします。

5月～6月のあいだの木曜日には、キリスト教の聖体祭という祭りがあり、各地でミサに参加した人たちの行列が見られます。

8月15日は、聖母マリアが天に上げられたことを記念する被昇天祭です。ヤスナ・グラ修道院には、世界各地からおおぜいの巡礼者が訪れます。また、11月1日の万聖節は「死者の日」ともよばれ、先祖の墓まいりをして、ろうそくや花をそなえます。

イースター

◀イースターの前の日、かごに食べ物を入れ、教会に行き、聖水をかけてもらう。

▶絵つけされたイースターのたまご。

▲聖水をかけてもらったかご。たまごやパン、チーズやソーセージ、ケーキや果物などが少しずつ入っている。

イースターの食卓を囲む家族。ソーセージやチーズ、ゆでたまごなど。春の訪れを知らせるスイセンもかざっている。

行事と冠婚葬祭①

12月24日の夜はクリスマス・イブです。クリスマスツリーをかざり、家族が集まってごちそうを食べます。食事はコイやニシンなどの魚料理がメインです。食後は、プレゼント交換をして、みんなでクリスマスの歌をうたいます。

ポーランドでは、キリスト教にまつわる伝統的な行事や祭りが、今も受けつがれています。

ポーランドのおもな祝祭日

1月1日	元日	5月3日	憲法記念日
1月6日	公現祭＊	5月下旬〜6月中旬	聖体祭
3月下旬〜4月中旬	イースター	8月15日	聖母マリア被昇天祭
翌日	イースターマンデー	11月1日	万聖節（死者の日）
5月1日	メーデー	12月25日・26日	クリスマス

＊公現祭：新約聖書に出てくる東方の三博士が生まれたばかりのキリストのもとを訪れたことにまつわる祝日。

聖体祭

▲ワルシャワから西へ約80kmの都市ウォビチの聖体祭。教会のミサのあと、聖人像の旗をかかげて、うたいながら市内を行進する。

聖母マリア被昇天祭

▲カトリックの聖地ヤスナ・グラ修道院に集まった巡礼者たち。

万聖節

▲墓地でろうそくに火をともす人たち。

▶キリストが生まれた場面を再現した模型。クリスマスのころに教会に置かれる。

クリスマス

▶クリスマス・イブのケーキ。チーズケーキ、ケシの実のケーキ、ジンジャークッキーなど。

クリスマス・イブの食卓。ジャガイモ、魚のフライなどがならぶ。ほかにピエロギ、バルシチなども用意している。

行事と冠婚葬祭②

子どもの一大行事「聖体拝領」

夜通しつづく結婚パーティ

キリスト教徒が多いポーランドでは、結婚式はおもに教会でおこないます。新郎新婦は教会に行き、神父の前で「生涯愛しあい、助けあうこと」をちかいあい、指輪を交換します。教会の出入り口には友人や親せきの人たちが待ちかまえていて、出てきた2人に小銭や米をかけて祝福します。食べ物やお金に困らないようにという意味があるそうです。

式のあとは、レストランなどに移動して、パーティをおこないます。夕方から始めて、翌日の朝まで、飲んだり食べたり、うたったり踊ったり、ゲームやイベントをしたりして、楽しみます。地方によっては、パーティを2日～3日続けるところもあるそうです。

▲教会の出入り口で、小銭と米をふりかける。このあと、2人は小銭をぜんぶひろいあつめる。

南部のグラルの人びとの結婚式

▼教会での式を終えると、パーティ会場までは、馬車で移動（上）。パーティでは、新郎新婦がフォークダンスを披露した（下）。

▲神父の前で、ちかいをのべる新郎新婦。

▲パーティのゲーム。司会者が2人に質問して、答えが合うと拍手、はずれると大笑いが起きた。

8歳〜9歳の聖体拝領

ポーランドでは子どもが8歳〜9歳ごろになると、キリストの聖体をはじめて授かる聖体拝領の儀式がおこなわれます。真っ白な衣装を着て教会へ行き、神父から聖体を象徴するパン（うすいせんべいのような食べ物）をいただきます。式には家族や親せきの人たちが集まり、式後にはレストランなどで祝いのパーティをします。

神父から聖なるパンをいただく。一生に一度の特別な瞬間だ。

▲マリアンナさん（→p9）の聖体拝領に集まった親せきの人たち。

ポーランドでは土葬が一般的

人が亡くなると、お気に入りの服を着せて棺におさめ、教会で葬儀をおこないます。教会では、祭壇の前に棺と写真、花などをならべ、親しくしていた人たちが参列し、亡くなった人をしのびます。葬儀が終わると、棺は墓地に運ばれ、土の中に埋葬されます。

▲葬儀のミサ。祭壇の前には、遺体をおさめた棺が置かれている。

▼棺をかついで墓地へ向かう。

▼埋葬したあと、土をかぶせ、花をかざる。

▼その後、墓石を建てておまいりをする。

農業国ポーランドの農家

くらしの多様性①

5代続くリンゴ農家

　ワルシャワから南へ約40km行ったところにグルイエツというまちがあります。このまちに住むマルチンさんの家は、100年前から5代にわたりリンゴ農家を続けているそうです。今はチャンピオンやゴールデンデリシャスなど5種類のリンゴを栽培しています。収穫時期は9月〜10月、出荷先はおもにスーパーマーケットで、冷蔵庫で1年間保存して、いつでも出荷できるようにしています。大変なのは春の花のさく時期で、病気や害虫のほか、霜やひょうなどにも注意しなければなりません。「経費が値上がりしているので、いつまで続けられるか心配です」とマルチンさんは言います。

◀マルチンさんの家族。長男のマルツェルさんは「たぶん、リンゴ農家をつぐと思う」と言う。

▼収穫用の箱をリンゴ農園に運ぶところ。

9月〜10月の収穫時期。ウクライナからも手つだいの人が来てくれる。

コンピューターで牛を管理

ワルシャワから西へ約80kmのウォビチ郊外に住むマリウシュさんは、酪農家の2代目です。現在、230頭の牛を飼っています。牛にはそれぞれセンサーをつけていて、朝と夕方、1日に2度、コンピューターで乳の出る量や健康状態をチェックして、異常があったらすぐに対応できるようにしています。

しぼった牛乳はタンクに入れて、5℃で保存しておき、2日に1回、まちの牛乳加工場からトラックが来て運びだします。いそがしいのは、牛のえさになる小麦やトウモロコシの刈りとりの時期。1年に3度、その時期になると3日間、朝早くから夜おそくまで刈りとりにかかりきりになるそうです。

▲牛舎でえさを食べる牛たち。えさは朝に1回、おもに小麦とトウモロコシをまぜたものをあたえる。

▶自動の乳しぼり機。牛はここへ自主的にやってきて、じっとしていると、乳がしぼられる。

▲酪農家のマリウシュさん。「電気代が値上がりしているので、太陽光パネルを設置しました」と話す。

▲加工場入り口に置かれた看板。牛乳やバター、ヨーグルト、チーズ、生クリーム、発酵飲料などをつくっている。

手づくりの伝統工芸

くらしの多様性②

受けつがれてきた職人芸

　伝統的な行事やくらしを重んじるポーランドでは、それをささえる物づくりの伝統も受けつがれてきました。西部のボレスワビエツでは、14世紀ごろから陶器がつくられ、現在も芸術性の高い製品がつくられています。バルト海に面した港湾都市グダンスクは、海岸にうちあげられた琥珀の原石を加工した首かざりやブローチなどの宝飾品で知られています。ワルシャワの西にあるレシュノというまちでは、ヤナギの枝を加工した製品がつくられています。色あざやかなウォビチの民族衣装や切り絵は、ウォビチの家庭で女性たちによって代だい受けつがれてきた手工芸です。また、タトラ山脈のふもとには、聖人像などを彫る木彫刻家や、林業で使われる手おのをつくる鍛冶職人がいます。

陶芸

▲ボレスワビエツの陶器。はなやかでかわいらしいもようが日本でも人気。

▶はんこのような道具で陶器にもようをつける。

琥珀

▲グダンスクの琥珀会社。琥珀の原石をけずって形をととのえる（上）。琥珀のアクセサリーは人気で、おくりものとしても使われる（下）。

ヤナギ細工

▲レシュノのヤナギ加工場。ヤナギの枝をゆでて、皮をはいで、乾燥させる（上）。レシュノで祖父の代からヤナギの枝を加工した製品をつくっているボイチェフさん（下）。

くらしの多様性②

刺しゅう

▶そでやスカートのすそ、スカーフなどに刺しゅうをして、民族衣装をつくりあげるウォビチのアリツィアさん。

◀ミシンで刺しゅう糸をぬいこんでいく。

切り絵

▲ウォビチの切り絵。イースターやクリスマス、新築の祝いなどで使われる（上）。色紙の裏側に鉛筆でもようをかいてハサミで切っていく（下）。

木彫刻

▲木彫刻家のヤンさん（上）。近所の大工職人がつくるのを見て始めたヤンさんの作品（下）。キリスト像など教会からの注文も多い。

鍛冶

▲熱した鉄をたたいて手おのをつくる。

▶手おのを手にする鍛冶職人のアンジェイさん。ドアの取っ手やバルコニーなどもつくる。

タトラ山脈のグラルのくらし

くらしの多様性③

木造の家と羊祭り

ポーランド南部やスロバキア北部のタトラ山脈のふもとには、グラルという民族が住んでいます。グラルとは「山の人」という意味です。

グラルの家のつくりは特徴的です。太い角材を組んだ木造の家で、屋根は傾斜が大きい三角形をしています。50cm～100cmくらいの積雪や、山の斜面をわたってふきつける強風にたえられる、しっかりとしたつくりをしているのです。数家族がいっしょにくらせる大きい家が多く、部屋には木製の家具が置かれ、ドアやたんす、柱などには、独特のもようの彫刻がほどこされています。

とくに祭りのときは、特有の伝統文化がうかがえます。人気のリゾート地ザコパネの西にあるコシチェリスコ村では、秋に羊祭りがおこなわれます。夏のあいだ、山に放牧していた羊を里におろす行事で、道路は行進する羊でいっぱいになります。広場では、グラルの民族衣装を着た男女が、歌や踊りで祭りを盛りあげます。この地域では歌や踊りのバンドを結成し、6歳のころから練習をします。こうして地域の伝統を後世に伝えようとしているのです。

できたばかりの羊のチーズ。おいしいですよ。

▲「オソド」という羊の祭り。山からおりてきた羊が道路を行進する。

▲祭りで羊のチーズをふるまう女性。

▲ふだんから歌や踊りを練習し、その成果を祭りで発表するグラルの人びと。海外で公演することもある。

くらしの多様性③

ゾフィアさんの家

▲コシチェリスコ村に住むゾフィアさんは、教会の行事や結婚式などで馬車に乗って行進する人たちのために、馬を育てている。

▲家は石を積んだ土台の上に木材を組んで建てる。1年に1度、水をかけて洗うなど、手入れをすることで、300年はもつといわれている。

▲戸棚に彫られた独特のもよう。木の器も多い。

▲室内は木づくり。暖房は木くずや石炭を燃やしてつくった湯を各部屋のヒーターに送ってあたためる。

アダムさんの家

◀アダムさんの家族。

▲スロバキアと国境を接するホホウフに住むアダムさんの家。2006年まで農業をしていたが、いまはホテル業を営んでいる。

◀ベルトの金具は祖父の手づくり（左）。帽子にはコヤスガイをかざり（中央）、衣服にはグラルのもようを刺しゅうしている（右）。

41

地球温暖化は緊急の課題

高まる市民の意識

　長いあいだ、エネルギーの大半を自国産の石炭に依存してきたポーランドでは、CO_2の排出による地球温暖化や冬の大気汚染は緊急の課題です。2021年、政府は、石炭火力発電の割合をへらすため、2040年までに国内の発電設備の半分以上を無炭素電源にすること、そのかわりに洋上風力発電と原子力発電を導入することなどを決めました。

　また、都市部のごみの1人あたりリサイクル率は34％で、EU平均の46％を下回っています（2017年）。政府は2025年までに、EUが目標とする55％とすることをかかげています。

　企業や市民のあいだでも、環境への意識は高まっています。スーパーマーケットでは、プラスチック製品をへらす取りくみをしています。環境に配慮したオーガニック食品をもとめる人もふえています。

　まちを歩いていると、環境保全をよびかける広告が目に入ります。車道をへらして歩道や自転車道に変えたり、路上や屋上を緑化したりしている場所もあります。

　以前は、冬になるとビスワ川がこおってスケートができるくらいでしたが、7～8年前からこおらなくなってしまいました。こうした影響もあり、人びとの地球温暖化への意識が高まっています。

▲北部につくられた風力発電施設。

▲金属・プラスチックは黄、紙は青、生ごみは茶、びんは緑、それ以外は黒の箱に分別する。

まちなかにある電気自動車の充電スタンド。公共のバスなどは30％以上が電化されているが、一般車はまだ数％にすぎない。

▲ごみの収集車。地区によってことなるが、ワルシャワ市内の団地では週に3回くらい収集に来る。

SDGsとくらし

▲ワルシャワにあるコペルニクス科学センターの展示。2050年、2100年の予測もふくめて、25年ごとにCO_2の排出量を円柱で表している。

▲発電所のあった通りに置かれた地球儀。「地球を植物園に」「熱帯多雨林を守ろう」などのメッセージをこめて2016年に設置された。

▲建物にえがかれた、「あなたの車のせいで息がつまりそうです。自動車をやめてバスや電車に乗りましょう」とよびかける壁画。

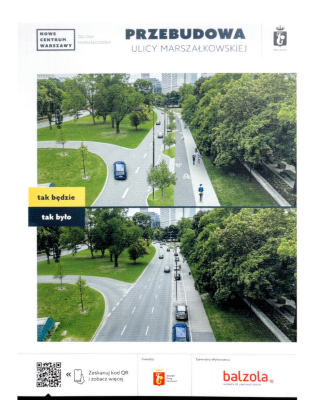

▲3本ある車道（下）を2本にへらし、自転車道をつくる（上）計画。

▲緑化されたワルシャワ大学附属図書館の屋上。

▲ビスワ川の右岸はコンクリート化せず、自然が保全されている。

43

100年以上前から続く友情

日本との関係

ポーランド孤児を救出

1917年にロシア革命が起こると、ロシアのシベリアに送られて働かされていたポーランド人は、混乱にまきこまれて難民になりました。日本赤十字社は1920年〜1922年に、孤児たち計765人を東京と大阪に受けいれ、のちに本国へ送りとどけました。1995年の阪神・淡路大震災と、2011年の東日本大震災のときは、ポーランドの人たちが、被災した児童・生徒をまねいて、はげましてくれました。長い年月をこえて、両国のきずなは深まっています。

クラクフには、19世紀末に日本美術の専門家ヤシェンスキが収集した浮世絵をはじめとする日本の美術品や工芸品を収蔵・展示する日本美術・技術博物館マンガがあります。1987年に京都賞を受賞した映画監督のアンジェイ・ワイダが発起人となって1994年に開館した施設は、美術品の展示だけでなく、茶道や華道、能や狂言、空手や合気道など、日本文化を発信する拠点となっています。

日本の漫画やアニメーションのファンがふえ、茶道や盆栽、能や歌舞伎などに興味をもつ人も多くいます。ワルシャワでは、2013年から日本祭りが開かれ、武道のデモンストレーション、よさこい節や盆踊り、浴衣コンテストなどのほか、企業のブースや日本食のコーナーもあり、交流の場となっています。

▼2023年9月、ワルシャワでおこなわれた「シベリア孤児帰国100年記念」式典で。孤児の子孫約100人が参加し、今も福田会との交流が続いている。

▲東京都渋谷区広尾の日本赤十字社病院に隣接する児童養護施設福田会で、375人の孤児たちが約1年すごした。

▶日本美術・技術博物館マンガ。設計は日本人建築家の磯崎新。1万5000点もの日本美術が収蔵されている。

日本との関係

▲ 2023年6月におこなわれた日本祭りでのよさこい節のステージ（上）。ワルシャワ大学附属図書館内にある茶室「懐庵」で、日本学科の茶道コースの授業を受ける学生たち（中）。ワルシャワにある漫画の専門店（下）。

中学生のとき漫画やアニメーションにはまり、1年間、日本語教室に通いました。今はゲームの翻訳をしています。納豆づくりにも挑戦しています。

子どものころ漫画やアニメーションに興味をもって日本語を始めました。今はNIPPO（日波）という研究会をつくり、新入生のためにひらがなやカタカナを学ぶフラッシュカードをつくっています。

▲ワルシャワ大学言語学科の学生たち。

中学生のときから日本の漫画やアニメーション、Jポップにはまっています。今は「トライガン」のファンです。

いろいろな外国語に興味をもっていましたが、いちばんむずかしそうな日本語に挑戦しようと思って日本語を選びました。

インタビュー　とんこつラーメンの店を開いた河野さん

私は、博多ラーメンの専門店の海外事業部にいて、ニューヨークや韓国、ロンドンなどで働いてきました。ロンドンのスタッフにポーランド人がいて、ポーランドにも何度か出かけました。会社をやめて独立しようかと思っていたとき、ポーランドに店を出してほしいとさそわれて、2021年にとんこつラーメンの店を開きました。すべて自家製で味つけも日本の味にこだわっています。植物性の原材料だけを使ったビーガンラーメンも出しています。店の味が気に入って遠くから食べに来てくれる人もいます。

▲河野英康さん（左）とスタッフ。

▲博多の味にこだわったとんこつラーメン。

▲動物性の原材料を使わないビーガンラーメン。

巻末資料

ポーランド基本データ

正式国名
ポーランド共和国

首都
ワルシャワ

言語
公用語はポーランド語。

民族
ポーランド人が96.7％。ほかにシュレジエン人、ドイツ人、ベラルーシ人、ウクライナ人など。

宗教
カトリックが88.6％。ほかにポーランド正教、プロテスタントなど。

▲クラクフにある聖マリア教会。

通貨
通貨単位はズロティ。1ズロティは約37円（2024年11月）。補助通貨単位はグロシュ（1ズロティは100グロシュ）。紙幣は500、200、100、50、20、10ズロティ。硬貨は5、2、1ズロティのほか、50、20、10、5、2、1グロシュがある。

▲写真の紙幣は20ズロティ、50ズロティ、100ズロティ。硬貨は10、20、50グロシュ、1、2ズロティ。

政治
共和制。元首は大統領で任期は5年。実権は首相がもち、大統領の影響力は限られている。議会は二院制で、上院は100議席、下院は460議席。いずれも任期は4年。

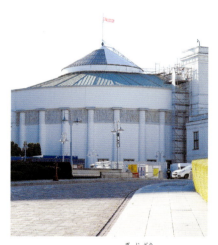
▲ワルシャワにある下院議事堂。

情報
テレビ局は公共放送のポーランドテレビ（TVP）、民間放送はニュース専門のTVNなどがある。新聞は保守系の「ジェチポスポリタ」、左派系の「ビボルチャ」など。

産業
おもな産業は食品、金属、自動車、電気機械など。石炭や銅、銀などの鉱物資源が豊か。農業では、ライ麦やジャガイモの生産、養豚などがさかん。バルト海では漁業もさかん。

貿易
輸出総額 3815億ドル（2023年）
おもな輸出品は工業製品（機械類、自動車、金属製品、家具など）、食料品、原材料と燃料など。
おもな輸出先はドイツ、チェコ、フランス、イギリス、イタリアなど。

輸入総額 3701億ドル（2023年）
おもな輸入品は工業製品（機械類、自動車、鉄鋼、衣類など）、原材料と燃料、食料品など。
おもな輸入先はドイツ、中国、イタリア、アメリカ、オランダなど。

日本への輸出 1524億円（2023年）
おもな輸出品は農産物、海産物、非金属鉱物製品など。

日本からの輸入 5912億円（2023年）
おもな輸入品は乗用車、電気機器、一般機械、無機化合物など。

軍事
総兵力 11万4000人（2022年）
陸軍は5万9000人、海軍は6000人、空軍は1万4000人。そのほか統合軍や特殊部隊などがある。

ポーランドの歴史

ポーランドの建国

ポーランドの地には、6世紀ごろ、スラブ人がビスワ川などの川ぞいの平地に住みはじめる。スラブ人の民族のひとつポラニェ族のミエシュコ1世が、オドラ川の東方にピアスト朝をおこし、966年、キリスト教を受けいれた。そして1025年、ボレスワフ1世がローマ教皇の許可をえて、国王に即位した。

1241年にモンゴル軍の侵攻にあい、その後も何度か侵攻され国は乱れる。1333年にカジミエシュ3世が即位し、領土の拡張を進めるいっぽう、クラクフ大学（現ヤギェウォ大学）を設立するなど、首都クラクフは政治、経済、文化面で繁栄した。

東ヨーロッパの大国に

1386年、リトアニア大公とポーランド女王ヤドビガが結婚し、ヤギェウォ朝が始まる。1410年と1466年に、北部を支配していたドイツ騎士団との戦いに勝利。バルト海への出口となる都市グダンスクを確保し交易がさかんになり、国力をのばしていった。その後、ハンガリーの王位も獲得し、東ヨーロッパの大国となる。文化面でも1543年にコペルニクスが『天体の回転について』を著すなど、ルネサンスをむかえる。

しかし、1572年にヤギェウォ朝が断絶し、翌年から貴族（シュラフタ）の議会による国王選挙制に移ったことから、国内に混乱が広まり、国力は弱まっていった。

◀トルンにあるコペルニクス像。トルンにはコペルニクスの生家が残っていて、博物館になっている。

3度の分割で国が消滅

17世紀に入るとスウェーデン軍が侵攻し、1655年〜1660年には国土の大部分が戦場となり、おもな都市が破壊された「大洪水」が起こる。そしてロシア、プロイセン、オーストリアの3国によって、1772年、1793年、1795年の3度にわたり領土を分割され、ポーランドは消滅。フランスの皇帝ナポレオンがポーランドに進軍し、1807年から1815年のあいだはワルシャワ公国が成立するが、ナポレオンの敗退後は、ふたたび3国の支配下に置かれる。これに対し、1830年の十一月蜂起、1846年のクラクフ蜂起、1863年の一月蜂起などが起こるが、いずれも鎮圧される。

第二次世界大戦下のポーランド

第一次世界大戦後の1918年、ポーランドは独立しポーランド共和国が成立する。ところが1939年にドイツ軍が侵攻し第二次世界大戦が始まると、ワルシャワは陥落。東部はソ連軍に侵攻され、連れさられた将校など約2万2000人が処刑されるカチンの森事件が起こった。ドイツ軍の支配下では、各地に強制収容所がつくられ、政治犯やユダヤ人など、あわせて600万人近くが虐殺された。1944年、連合軍が優勢となり、ソ連軍がワルシャワにせまると、市民は武装して蜂起する（ワルシャワ蜂起）が、ドイツ軍に鎮圧され、市内は徹底的に破壊された。この蜂起により、約20万人が犠牲となった。

▲ワルシャワ蜂起でドイツ軍と戦った少年兵の慰霊碑。

社会主義から自由主義へ

戦後、ポーランドはソ連の支援する共産主義政権が成立し、社会主義国家となる。しかし、1956年に西部の都市ポズナンで労働者による暴動が、1970年には北部の港湾都市グダンスクで抗議行動が起こるなど、民衆の抵抗は続く。そして1980年、グダンスクの造船所で起こった労働者のストライキをきっかけに、のちに大統領となるレフ・ワレサを中心に自主労働組合「連帯」が結成され、抗議運動は全国に広がった。

1989年、部分的自由選挙で連帯が勝利し、東ヨーロッパでは初の共産主義ではない政権が成立。自由主義経済に移行し、1999年には北大西洋条約機構（NATO）に、2004年には欧州連合（EU）に加盟した。

さくいん

あ

アンジェイ・ワイダ	44
イースター	23、32、33、39
インターシティ	18
ウォビチ	33、38、39
オビヤッド	14
織物会館	6、7
オンラインゲーム	12、13

か

鍛冶	38、39
カジミエシュ3世	47
カチンの森事件	47
カトリック	7、46
カプシニャク	14
キノコ狩り	28、29
キノコのスープ	15
義務教育	22
牛乳加工場	37
教育制度	23
教科書	25
強制収容所	47
切り絵	39
キリスト	9、32、33、35
キリスト教	7、32、33、34、47
グダンスク	6、7、22、38、47
クラクフ	6、7、20、21、30、44、47
クラブ活動	26
グラル	34、40、41
クリスマス	23、33、39
黒いマドンナ	7
クロッカス	5
警察官	19
鶏卵店	21
結婚式	34
公現祭	33
コウノトリ	5
湖水地方	5、28
コトレット・スハボービ	16、17
琥珀	38
コペルニクス	6、47
コペルニクス科学センター	43
ごみ	42

さ

サッカー	26、30
シェア自転車	19
時間割	24、25
刺しゅう	39
自転車道（自転車専用道）	19、42、43
ジャウカ	29
社会主義	7、47
じゃんけん	28
充電スタンド	42
柔道	30、31
授業	22、24、25
ジュレック	16、32
小学校	22、23、24
ショッピングセンター	20
ショパン	28
スープ	14、15、16
スタリ・クレパシュ	21
青果店	21
生花店	20
聖体祭	23、32、33
聖体拝領	35
精肉店	21
聖母マリア被昇天祭	32、33
葬儀	35

た

大気汚染	42
台所	10、11、20、21
第二次世界大戦	6、7、8、20、47
第2の朝食	14、26
太陽光パネル	37
卓球	31
タトラ山脈	5、28、38、40
タレントショー	27
地下鉄	18、19
地球温暖化	42
茶室	45
中央平野	4
昼食	14、26
電動キックスケーター	18、19
伝統工芸	38
陶芸	38
土葬	35
トラム（路面電車）	18、19
トルン	6、47

な

日本赤十字社	44
日本美術・技術博物館マンガ	44
日本祭り	44、45
人魚像	6

は

バス（乗り物）	18、19
バス・トイレ室	10、11
ハラ・ミロフスカ	20、21
バルシチ	16
バルト海	4、5、6、7、28、29
バレーボール	24、30、31
万聖節（死者の日）	23、32、33
ピエルニク	16、17
ピエロギ	16、17
ビスワ川	4、5、6、7、42、43、47
羊のチーズ	40
羊祭り	40
ビャウォビエジャ	4、5
フウォドニク	16
風力発電	42
福田会	44
ペンドリーノ	18
ポズナン	6、30、47
ボレスワビエツ	38
ボレスワフ1世	47
ポンチェク	16、17

ま

マコビエツ	16、17
マッシュポテト	16、26
マリア像	8
ミエシュコ1世	47
木彫刻	38、39

や

ヤギェウォ大学	6、47
ヤシェンスキ	44
ヤスナ・グラ修道院	7、32、33
ヤナギ細工	38
ヨーロッパバイソン	4、5
ヨハネ・パウロ2世	7

ら わ

酪農家	37
緑化	42、43
リンゴ農家	36
レチョ	15
レフ・ワレサ	47
ワジェンキ公園	28、29
ワルシャワ	6、7、18、19、20、28、30、42、43、45、46、47
ワルシャワ蜂起	47

取材を終えて

吉田忠正

　今回のポーランド取材には、特別な思いがありました。28年前に取材で訪れた村の人たちと再会したいと思っていたのです。その村は南部のザコパネの近くにあり、太い角材を組みあわせてつくった家がたちならぶ静かな村でした。バスをおりると、当時のままの建物がそのまま残っていて、タイムスリップしたような気分になりました。

　まず、道路ぞいにある木彫刻家のヤンさんを訪ねてみました。ヤンさんは前と同じ工房で聖像づくりにはげんでいました。教会の依頼で、大きなキリスト像をつくることもあるとのこと。またイースターには、年ごとに起こる悩みや苦しみをキリストの表情で表現しているそうです。奥の部屋は昔から使われてきた生活用品を展示する資料館にしました。国内外からツアー客が訪れています。

　そこに、かつて泊めていただいた農家の二男のアダムさん（当時10歳）がやってきて、再会を喜びあいました。お父さんとお兄さんは2006年に農業をやめてアメリカにわたり、掘削機械のシャベルをつくる工場ではたらいているとのこと。アダムさんはこの地にとどまり、ホテル業をしているそうです。「最新の農業機械で麦刈りをしていたのに残念ですね」と言ったら、ここでは農業は採算がとれないとのこと。おりしもウクライナ産の小麦が大量に入ってきているため、農家は困っているというニュースが流れていました。アダムさんの家は以前と変わらないどっしりした家で、庭にはリンゴの木があり、羊を飼っていました。子どもは3人いて、祭りや行事、学校の話などで盛りあがりました。

　そのあと鍛冶職人のアンジェイさんを訪ねました。林業で使う手おのづくりが得意で、その切れ味を自慢していました。伝統や家族を守っていこうと、いろいろ模索しているようすが伝わってきました。

▲再会を喜びあうヤンさん(左)とアダムさん(右)とその娘さん。

● 監修
岡崎恒夫（元ワルシャワ大学東洋学部副学部長）

● 取材協力（順不同・敬称略）
ポーランド政府観光局／ウォビチ文化観光広報センター／ワルシャワ市観光事務所／グダンスク第6小学校／アガタ・マルチャク／エラ・ポニェツカ／マヤ・マトゥス

● 写真提供
ポーランド政府観光局／ウッジ県観光局／ヤスナ・グラ広報事務所／AMBER MANUFACTURE／Manufaktura Boleslawiec／ウルシュラ・マック＝ブライソン／ビオレッタ・プルツェウォジニャク／ホノラタ・ヴィロステク＝スタヌフ／マヤ・マトゥス／日本赤十字社／福田会

● 参考文献
岡崎恒夫著『ワルシャワ便り』（未知谷）
沼野充義監修『読んで旅する世界の歴史と文化　中欧』（新潮社）
山田邦紀著『ポーランド孤児・「桜咲く国」がつないだ765人の命』（現代書館）
渡辺克義編著『ポーランドを知るための60章』（明石書店）
渡辺克義編著『ポーランドの歴史を知るための55章』（明石書店）
加来耕三企画・構成・監修、水谷俊樹原作、北神諒作画『ポーランド孤児を救った日本赤十字社』（ポプラ社）

● 地図：株式会社平凡社地図出版
● 校正：株式会社鷗来堂
● デザイン：株式会社クラップス（佐藤かおり）

現地取材！　世界のくらし 22

ポーランド

発行　　2025年4月　第1刷

文・写真 ：吉田忠正（よしだ ただまさ）
監修　　 ：岡崎恒夫（おかざき つねお）
発行者　 ：加藤裕樹
編集　　 ：松原智徳、原田哲郎
発行所　 ：株式会社ポプラ社
〒141-8210　東京都品川区西五反田3丁目5番8号
　　　　　 JR目黒MARCビル12階
ホームページ：www.poplar.co.jp（ポプラ社）
　　　　　　kodomottolab.poplar.co.jp（こどもっとラボ）
印刷・製本 ：株式会社精興社

©Tadamasa Yoshida 2025　Printed in Japan
ISBN978-4-591-18454-7
N.D.C.293/48P/29cm

落丁・乱丁本はお取り替えいたします。ホームページ（www.poplar.co.jp）のお問い合わせ一覧よりご連絡ください。
読者の皆様からのお便りをお待ちしております。いただいたお便りは制作者にお渡しいたします。
本書のコピー、スキャン、デジタル化等の無断複製は著作権法上での例外を除き禁じられています。
本書を代行業者等の第三者に依頼してスキャンやデジタル化することは、たとえ個人や家庭内での利用であっても著作権法上認められておりません。
QRコードからアクセスできる動画は館内や館外貸出ともに視聴可能です。
P7211022

現地取材！ 世界のくらし

A セット　全5巻（①〜⑤）N.D.C.292

① 日本	常見藤代／文・写真 アルバロ・ダビド・エルナンデス・エルナンデス／監修	
② 韓国	関根淳／文・写真 李香鎮／監修	
③ 中国	吉田忠正／文・写真 藤野彰／監修	
④ モンゴル	関根淳／文・写真 尾崎孝宏／監修	
⑤ ネパール	吉田忠正／文・写真 藤倉達郎、ジガャン・クマル・タパ／監修	

B セット　全5巻（⑥〜⑩）N.D.C.292

⑥ フィリピン	関根淳／文・写真 寺田勇文／監修
⑦ インドネシア	常見藤代／文・写真 倉沢愛子／監修
⑧ マレーシア	東海林美紀／文・写真 新井卓治／監修
⑨ ベトナム	小原佐和子／文・写真 古田元夫／監修
⑩ タイ	小原佐和子／文・写真 馬場雄司／監修

C セット　全5巻（⑪〜⑮）N.D.C.292

⑪ カンボジア	小原佐和子／文・写真 福富友子／監修
⑫ インド	常見藤代／文・写真 山下博司／監修
⑬ スリランカ	東海林美紀／文・写真 荒井悦代／監修
⑭ ウズベキスタン	関根淳／文・写真 帯谷知可／監修
⑮ トルコ	東海林美紀／文・写真 イナン・オネル／監修

D セット　全5巻（⑯〜⑳）N.D.C.293

⑯ イギリス	関根淳／文・写真 小川浩之／監修
⑰ オランダ	吉田忠正／文・写真 桜田美津夫／監修
⑱ フィンランド	東海林美紀／文・写真 セルボ貴子／監修
⑲ アイスランド	小原佐和子／文・写真 朱位昌併／監修
⑳ ハンガリー	関根淳／文・写真 羽場久美子／監修

E セット　全5巻（㉑〜㉕）N.D.C.293

㉑ ドイツ	小原佐和子／文・写真 金城ハウプトマン朱美／監修
㉒ ポーランド	吉田忠正／文・写真 岡崎恒夫／監修
㉓ フランス	関根淳／文・写真 羽場久美子／監修
㉔ イタリア	関根淳／文・写真 八十田博人／監修
㉕ スペイン	関根淳／文・写真 細田晴子／監修

続刊も毎年度刊行予定！

- 小学高学年〜中学向き
- オールカラー
- A4変型判　各48ページ
- 図書館用特別堅牢製本図書

ポプラ社はチャイルドラインを応援しています

18さいまでの子どもがかけるでんわ
チャイルドライン®
0120-99-7777
毎日午後4時〜午後9時 ※12/29〜1/3はお休み

チャット相談はこちらから

電話代はかかりません
携帯（スマホ）OK